MONÓLOGOS SENTIMENTAIS PARA CORAÇÕES JUVENIS

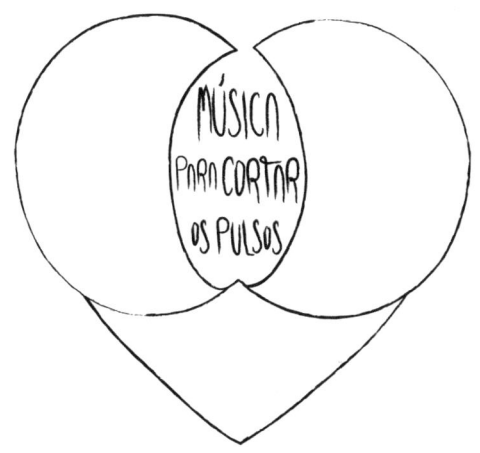

MONÓLOGOS SENTIMENTAIS PARA CORAÇÕES JUVENIS

por RAFAEL GOMES

EDIÇÕES EMPÓRIO DE TEATRO SORTIDO

1ª reimpressão

© 2010, Rafael Gomes.
Todos os direitos reservados.

Diretor editorial: Pascoal Soto
Editora: Mariana Rolier
Produtora editorial: Sonnini Ruiz
Arte original (capa): Camila Sato
Produção: Entrelinhas Editorial

Dados Internacionais de Catalogação na Publicação (CIP)
(Câmara Brasileira do Livro, SP, Brasil)

Gomes, Rafael
  Música para cortar os pulsos / Rafael Gomes. – São Paulo : Leya, 2012.

  ISBN 978-85-8044-272-4

  1. Teatro brasileiro I. Título.

12-00817   CDD-869.92
Índice para catálogo sistemático:
1. Teatro : Literatura brasileira 869.92

Texto Editores Ltda.
Uma editora do Grupo Leya
Rua Desembargador Paulo Passaláqua, 86
01248-010 – Pacaembu – São Paulo – SP
www.leya.com

SUMÁRIO

- 7... AGRADECIMENTOS
- 9... ELENCO DA PRODUÇÃO ORIGINAL
- 11... TEMPO
- 13... CENA 1 – NOMES
- 22... CENA 2 – PALAVRAS
- 28... CENA 3 – SENTIMENTOS
- 37... CENA 4 – GESTOS
- 45... CENA 5 – SURPRESAS
- 48... CENA 6 – TENTATIVAS
- 52... CENA 7 – DISFARCES
- 56... CENA 8 – ENCONTROS
- 65... CENA 9 – DECEPÇÕES
- 74... CENA 10 – NOITE (MÚSICAS)
- 81... REFERÊNCIAS – MÚSICAS E PEÇAS
- 85... A PLAYLIST DO AUTOR E AS MÚSICAS NAS CENAS

AGRADECIMENTOS

Este texto existe porque um dia eu senti um amor de cortar os pulsos. Mais de um. Todos nós. A eles eu o dedico.

Esta publicação eu dedico a Thiago Ledier, Vinicius Calderoni e Leonardo Moreira.

A existência desta peça eu dedico a Maria Alice Vergueiro, no campo daquilo que é muito maior e anterior. E a Mayara Constantino e Victor Mendes (que rasgaram o próprio coração para costurar o meu), no campo daquilo que está bem ao lado.

E agradeço a Isabel Sachs, pela constante e inestimável parceria.

ELENCO DA PRODUÇÃO ORIGINAL

Estreada em 7 de outubro de 2010, no Sesc Pinheiros, em São Paulo, com direção de Rafael Gomes, em uma encenação da Cia. Empório de Teatro Sortido.

ISABELA   Mayara Constantino

RICARDO   Victor Mendes

FELIPE   Kauê Telloli

http://musicaparacortarospulsos.blogspot.com

ATENÇÃO: Atividades profissionais ou amadoras que utilizem ou incluam o texto de MÚSICA PARA CORTAR OS PULSOS estão sujeitas ao pagamento de direitos autorais, conforme a lei vigente. Todos os direitos, tais como, mas não se limitando a, os de montagens teatrais profissionais ou amadoras, leituras, performances, palestras, transmissão radiofônica ou televisiva, gravação em áudio e/ou vídeo, toda e qualquer forma de reprodução, transmissão e distribuição mecânica, eletrônica e digital, tais como, mas não se limitando a, CD, DVD, BLURAY, internet, redes de transmissão de dados, sistemas de armazenamento de informação, fotocópia, bem como os direitos de tradução em línguas estrangeiras são estritamente reservados.

Todo e qualquer requerimento referente a qualquer forma de utilização do presente texto deve ser feito de antemão ao autor ou a seus representantes.

TEMPO

O PRESENTE.

A presente versão deste texto corresponde àquela encenada na data de estreia de sua primeira montagem.

CENA 1 – NOMES

RICARDO
O nome dele é Felipe.

FELIPE
O nome dela é Isabela.

ISABELA
O nome dela é Rosalind.

RICARDO
"Quando eu te vi/ eu te amei/ e você sorriu/ porque você soube."[1]

ISABELA
"Ri das cicatrizes quem nunca foi ferido."[2]

RICARDO
"Existe amor que não seja à primeira vista?"[3] Quando o Felipe entrou na sala, eu sabia que o amaria. Porque eu sou fraco demais para pessoas apaixonantes e o Felipe era apaixonante. *(pausa)* Depois que ele conversou comigo e saiu da sala, eu já tinha certeza.

FELIPE
O nome disso é desalento: quando você não se interessa realmente por ninguém e se sente oco e não se sente bem porque se sente assim. Eu não sou solitário, nem tenho qualquer problema de relacionamento. Pelo contrário, eu tenho vários amigos, encontro pessoas o tempo todo. E eu acabo convivendo com um monte de meninas em volta de mim, meninas muito bonitas e interessantes, por quem eu me sinto atraído. E eu fico com elas e é legal e... E é isso. Depois eu não consigo sentir realmente mais nada.

Eu terminei recentemente um namoro de um certo tempo. Eu gostava dela, mas era como se eu nunca tivesse de verdade dentro daquilo, como se nessa hora eu fosse o dublê de mim mesmo. *(Tentando explicar.)*

Funciona assim: eu sou o galã, o personagem principal da minha vida. Eu falo o texto do jeito certo, sou verdadeiro, carismático, razoavelmente inteligente e sedutor – na verdade, eu sou tímido, mas é incrível como as pessoas se sentem atraídas por isso. Só que nas sequências de perigo sentimental, o menor que seja, eu mando chamar meu dublê. Quem vê o filme pensa que sou eu mesmo ali, vivendo aquilo. Mas eu sei que não.

RICARDO

O nome disso é projeção. Eu sou esse cara que se apaixona por um monte de gente, o tempo todo, mas eu juro que são coisas diferentes, de jeitos específicos. Amores dentro de mim são como meios de transporte, cada um tem o seu lugar – a água para os barcos, o céu para os aviões, as estradas para os carros... Eu namorava há dois anos quando o Felipe apareceu. E eu precisava me apaixonar de novo, porque eu sou assim... E porque existe essa coisa dentro da gente, muito grande e muito consciente, mas que a gente não controla, que nunca esquece a delícia que é começar. Então eu projetei nele todos os meus novos começos: ele era um cara descobrindo um monte de coisas que eu achava que já sabia e que me lembrava outras que eu já tinha esquecido. E eu me via nele, eu via ele em mim.

O nome disso é identificação. Porque na verdade a gente quer preencher nossos vazios não com o que nos falta ou completa por ser diferente, mas com o que é confortavelmente familiar.

ISABELA

O nome disso é substituição. A Rosalind é a maior das personagens esquecidas de todos os tempos. Quase ninguém sabe, mas ela está ali escondida na peça Romeu e Julieta, de Shakespeare, que todo mundo conhece. Agora, quem lembra que Romeu era apaixonado pela Rosalind, antes de conhecer a Julieta, se nem ele mesmo lembra? E eu não tô falando de um tempo longo, não, eu tô falando de minutos. Ele ama a Rosalind, mas, quando a Julieta aparece, uma nova realidade surge – é um Big Bang do amor, como se não tivesse existido nada antes. Mas tinha a Rosalind. Isso não tem nem nome: a rapidez com que o Romeu simplesmente aniquila a Rosalind da cabeça dele é quase desumana. E o pior é que nós, como público, não nos preocupamos com o que sente a Rosalind, porque ela já é apresentada como um acessório na história do Romeu. Ela já nasce esquecida.

Eu ousaria acreditar que o mundo é feito das Rosalinds, que sofrem bem mais, do que das Julietas, que se deliciam na volúpia das noites de paixão. Metade do mundo, pelo menos. A outra metade é de Romeus, que estão infinitamente confusos e em conflito entre uma e outra – sejam esses Romeus homens ou mulheres.

RICARDO

Dizem que o amor é cego e eu acho que essa frase tem mais de uma leitura. Ele é cego não porque não enxerga ou não percebe a natureza do que está na sua frente, mas também porque é capaz de ser seletivo e não misturar paisagens que estão lado a lado. Existem ali caminhos que não se acessam. Nem todo mundo acredita, mas eu continuei amando realmente meu namorado depois que eu também já tinha me apaixonado pelo Felipe. A água para os barcos, o ar para os aviões... Eu não sei se isso tem nome.

FELIPE

"Se o amor é cego, ele não acerta o alvo."[4]

RICARDO

O nome de quem disse isso é Mercúcio, que é o melhor amigo de Romeu. Dupla entre a qual, dizem, havia uma latente tensão sexual.

ISABELA

Um amigo meu diz assim: "Paixão: quando apesar da placa 'PERIGO', o desejo vai e entra".

Romeu diria: "O amor é dos suspiros a fumaça;/ puro, é fogo que os olhos ameaça;/ revolto, um mar de lágrimas de amantes.../ Que mais será? Loucura temperada,/ fel ingrato, doçura refinada".[5]

Nomes, nomes, nomes – um monte de nomes tentando nomear o inominável. Outro dia eu tava num restaurante e tinha ali um enorme e bizarro cartaz cheio de conexões entre alimentação, modos de vida e males do corpo. *(Irônica.)* Daí tinha uma lista de sentimentos que podem ser evitados com a ingestão de vitaminas: *(Enunciando.)* desespero, angústia, medo, aflição, ansiedade.

Olha só, eu não tô entrando no mérito dos benefícios alimentares, o que me interessa é o seguinte: *(Numa progressiva efusividade.)* como você sabe que a angústia chama "angústia"? Te mostram a cor azul e falam "azul", te mostram um garfo e falam "garfo", tranquilo, isso tudo é meio simples de padronizar, a não ser que você seja daltônico ou tenha problemas de compreensão. Mas e a "angústia"? Como você sabe que o que você tá sentindo chama "angústia" e não chama "ansiedade", ou "medo", ou "aflição"? *(Grande.)* Quem, meu Deus, inventou esses nome pros sentimentos? E quem aprendeu?

FELIPE

"Se o amor é cego, ele não acerta o alvo." Mas o amor é uma flecha torta ou o arqueiro é que não é um atirador confiante?

ISABELA

Então essa palavra "amor" na verdade define o quê? O amor nunca é só amor. O amor é um monte de outros sentimentos misturados. Que, às vezes, tem nome, às vezes não. Mas é uma mistura ilusionista, nunca um elemento puro. Como a luz branca. Ou... (jogando fora...) sei lá, a Coca-Cola!

FELIPE

Mês passado eu fui à festa de aniversário de oito anos da minha priminha. Na hora do "com quem será" começou uma confusão enorme. Falaram vários nomes ao mesmo tempo e os meninos começaram a brigar pela posição de pretendente oficial. Aquilo se estendeu, e eu e meus outros primos mais velhos demos corda pras crianças. Só sei que em dado momento eram uns quatro em cima da garota falando coisas como "eu, eu, escolhe eu!", "fica comigo", "eu gosto muito mais de você", e eles se batiam e se empurravam... Oito anos. OITO. Isso poderia fazer da minha prima a garota mais popular e cobiçada da escola, mas ela estava odiando tudo aquilo com uma sinceridade tão intensa. Claramente, o que ela mais desejava era ficar em paz. O amor, eu vi, pode doer desde cedo.

Mas, mais do que isso, desde sempre ele vai precisar de espaço pra brotar.

RICARDO

Quanto tempo você precisa pra gostar de alguém? Quanto tempo você precisa pra deixar alguém?

ISABELA

"Ora, rapaz! Incêndio a incêndio cura./ Uma dor faz minguar a mais antiga./ Desvirar do virar sara a tontura./ Um desespero a velha dor mitiga./ Deixa os olhos pegar nova infecção,/ para que da velha possas ficar são."[6]

RICARDO

O nome disso é substituição?

ISABELA

Então o nome da Rosalind está lá escrito pra gente lembrar que tudo começa em algum lugar, tudo tem um antes. Que há coisas que passam despercebidas e pessoas que ficam pelo caminho. Eu imagino a

Rosalind chegando em casa de volta do baile em que o Romeu conhece a Julieta, toda descabelada e com a maquiagem borrada, dizendo pra mãe dela: "Eu nunca mais vou amar ninguém!".

Foi mais ou menos isso que eu fiz, quando o Gabriel me deixou. Ele era o meu Romeu.

RICARDO
Romeu, Mercúcio, Rosalind, Julieta...

FELIPE
O meu nome é Felipe.

RICARDO
O meu nome é Ricardo.

ISABELA
O meu nome é Isabela. Eu tenho um coração partido e eu nunca mais vou amar ninguém.

CENA 2 - PALAVRAS

FELIPE

A gente já se conhecia há um tempinho, estudava junto, de vez em quando se cruzava em uns trabalhos. Não se falava muito porque a Isabela, embora seja uma menina eloquente, parece que só fala o necessário. Fato é que eu nunca tinha realmente percebido a Isabela. Tudo bem que ela é pequena, mas ela é fácil de perceber, porque ela tem vida. Mas eu nunca tinha percebido a Isabela, mesmo assim. De repente, ela cresceu.

Ela sempre pareceu pra mim uma menina muito decidida, além de muito inteligente. A Isabela é daquelas pessoas que pensam. Em tudo, mas especificamente sobre si mesma. Parece que ela precisa saber exatamente cada um dos seus sentimentos, senão ela se perde.

Um dia, nós saímos pra balada com vários amigos. Não houve muitas palavras entre nós nesse dia, mas a gente se olhou diferente. Alguma coisa aconteceu. A gente se aproximou de um jeito diferente, ela sorriu de um jeito diferente – e o sorriso é uma porta de entrada confiável pro pensamento. A Isabela sorri bastante, mas eu sempre vi o sorriso dela como a guarda de um castelo, daqueles com ponte levadiça e lago com dragão na entrada. Naquele dia, o dragão estava dormindo e ela sorriu desarmada. Eu fiz de tudo para parecer um convidado interessante, que pudesse ser bem-vindo. Acho que eu a convenci, porque a gente se beijou. E foi bom. Na minha cabeça, eu ouvi o diretor gritar "ação" e eu achei que podia fazer aquela cena sem dublê. E a gente se beijou de novo. E continuou sendo bom.

Eu juro que nunca tinha pensado nela desse jeito e daí eu lembrei da minha mãe dizendo "Não adianta falar que não gosta de kiwi se nunca provou!".

RICARDO

Em uma palavra, o Felipe era "heterossexual". Eu, obviamente, não. O termo, no dicionário, quer dizer "relativo ao tipo de afinidade, atração e/ou prática sexual entre indivíduos de sexo oposto". Pra mim, a tradução era simples, direta e veemente: não se apaixone por ele!

ISABEL

O Gabriel adorava as palavras. Ele sempre foi o melhor namorado que eu pude ter. Era inteligente, carinhoso, sensível, educado, gentil, lindo. Ele admirava Shakespeare tanto quanto se divertia dançando axé. E ele sempre me escreveu muito: cartas e cartões e bilhetes e e-mails românticos.

Até que um dia escreveu uma carta de despedida:

RICARDO

(Lê) "Eu te amo como quem descobriu a vida em você/ E por isso não quer te deixar ir embora/ ainda que às vezes queira/ ainda que às vezes deixe/ ainda que às vezes chore."

ISABELA

Essa contradição do Gabriel é, no fundo, a contradição de qualquer relacionamento. Na raiz do amor, já está a destruição – a gente começa e já começa a terminar.

FELIPE

Olha só, eu não tô falando em "amor", mas, naquele dia que a gente ficou, eu percebi que eu gostava dela e que eu sempre tinha gostado um pouco, sem saber. O que eu não sabia mesmo era o que fazer em seguida, porque, àquela altura, enquanto eu fiquei meio bobo, sem pensar em nada, só na minha mãe e no kiwi, a Isabela já devia estar pensando em um monte de coisas.

ISABELA

Não é à toa que em inglês a expressão para "se apaixonar" é *"to fall in love"* – você cai dentro do amor. Você despenca dentro. E, quando acaba, eles dizem *"fall out of love"*, cair fora do amor. Como se dentro do buraco do amor houvesse outro abismo, que te joga pra fora dele. Ou como se virassem a ampulheta – você despenca de novo, só que na direção contrária.

FELIPE

Daí, na primeira vez que eu fui mandar uma mensagem de texto para o celular dela, eu não sabia o que dizer. Quais eram as palavras certas para ela não se assustar, para ela entender que eu queria ficar com ela de novo, para ela não fugir? Convidava para um café? Para um jantar? Não dizia nada disso e só comentava algo que tinha me feito lembrar dela? Usava o velho e bom truque do "sonhei com você"?

Eu acabei escrevendo: "Se eu te encontrasse completamente por acaso hoje, onde seria?".

Ela não respondeu. Talvez não tenha recebido.

ISABELA

Mas não pensem que o Gabriel é um grande vilão e que eu não reconheço as coisas boas que ele fez por mim. Um dia, por exemplo, ele me levou à ópera. Eu nunca tinha ido à ópera, mas a música tem esse poder de transportar a gente para lugares desconhecidos e imediatamente familiares – que nem os cheiros; não é à toa que dizem que música é perfume. Eu adorei a ópera! *(A ária "N'est Ce Plus Ma Main", da ópera Manon, de Jules Massenet, começa a tocar.)* Chamava-se *Manon* e era sobre essa heroína, a Manon, e o herói, que se conhecem e vivem apaixonados. Um dia, por uma série de circunstâncias, eles precisam se separar. Ela cai na vida, se envolve com outros homens. Ele não aguenta e vira padre. Mas depois de um tempo ela resolve buscá-lo e revivê-lo para tudo aquilo que um dia eles passaram juntos, o furacão descontrolado e íntimo disso que chamam "amor".

(A ária cresce; Isabela fala envolvida pela música, como se interpretasse Manon ao mesmo tempo que narra.) Ressentido, ele a maltrata. Mas ela está determinada. Pergunta a ele "Não é mais minha mão que as suas mãos tocam? Não é mais a minha voz? Ela não é para você mais uma carícia, como antigamente? Eu não sou mais eu mesma? Não tenho mais o meu nome? Olha pra mim. Não é mais a minha mão que as suas tocam, como antigamente? Não é mais a minha voz, não é mais a Manon?".

(A música cede.) Ele cede.

O Gabriel foi embora sem aviso prévio e eu não falei nada disso pra ele, embora tenha a impressão de que ele também cederia.

CENA 3 – SENTIMENTOS

RICARDO

O Felipe virou meu amigo rápido, porque a gente se identificou logo de cara. Passávamos bastante tempo juntos, cada vez mais: indo ver filmes ou ouvindo música ou tomando cerveja ou saindo com nossos outros amigos em comum. A gente se divertia muito um com o outro e conversava muito e tinha uma naturalidade grande e simples na nossa convivência. Mesmo quando havia outras pessoas, nosso principal foco de atenção acabava sendo nós mesmos. Sim, ele sempre soube que eu era gay, mas, se ele fosse um menino pra quem isso fizesse diferença ou fosse algum impedimento, eu nem teria me aproximado dele pra começo de conversa. Eu namorava e ele não ficava com muitas garotas. Pra falar a verdade, nenhuma, até onde eu via. E ele era tão doce...

ISABELA

A sensação de ser amada está na primeira mordida de um quindim. Ou na primeira noite que você passa junto com alguém, tendo ou não sexo. E a de amar está nas risadas. Definitivamente nas risadas.

Na primeira noite que o Gabriel dormiu na minha casa, eu tinha acabado de me mudar e as lâmpadas do quarto ficavam estalando. Ele falou pra mim, com aquele jeito fofo dele: "Ah, que bom que a gente vai dormir com um monte de grilos aqui junto com a gente". Eu dei risada e ele também e foi na espontaneidade dessa piada que eu senti alguém falar na minha cabeça:

RICARDO

"Eu amo esse garoto!"

ISABELA

E essa voz tinha muita certeza. Daí eu jurei pra ele que fazia o barulho porque as lâmpadas eram novas e que, em uma semana, no máximo, ia passar.

RICARDO
Quando eu olho pro Felipe, eu me desconcentro.

ISABELA
O Gabriel também sempre deixava a torneira do meu banheiro meio aberta. Ele ia lá, escovava os dentes e, quando eu entrava no banheiro, eu falava "Gabrieeeel" e ele escondia a cabeça embaixo do travesseiro – o que eu via pelo espelho, que tinha uma angulação esquisita mas certeira com a cama.

Parece mentira, eu sei, mas, outro dia, eu entrei no banheiro e a torneira estava pingando. *(Pausa.)* E a verdade é que as lâmpadas nunca pararam de estalar.

RICARDO
"De noite na cama eu fico pensando se você me ama e quando."[1]

ISABELA
Uma vez eu vi um filme no qual o carinha abandonado pela namorada estabelecia o prazo de um mês para consegui-la de volta. E ele comprava um monte de abacaxis enlatados, todos com o mesmo prazo de validade. Quando vencessem os abacaxis, venceria o prazo.

Venceria também o amor dele, ou só a paciência? E o dela, tinha vencido quando?

Hoje eu me pergunto qual o prazo de validade das lembranças. Em que momento elas deixam de ser palpáveis, boas, verdadeiras? Não devia existir um alarme ou um despertador cósmico que tocasse pra avisar a gente? *(Com acidez calculada.)* "Opa, 5h15, sinto muito, a lembrança daquela viagem feliz que vocês fizeram para a praia acaba de perder a validade." *(Com desilusão natural.)* E de preferência poderia se autodestruir cinco segundos depois.

RICARDO
"E se eu achar a tua fonte escondida, te alcanço em cheio o mel e a ferida. E o corpo inteiro feito um furacão..."[2]

ISABELA
Mas eu esqueci o Gabriel. Nos três primeiros meses, é uma grande hemorragia. Mas, depois de seis, para de sangrar e começa a cicatrização. E cicatriz é isso que a gente sabe – tá lá, pra sempre. Às vezes é nas costas ou no tornozelo e a gente nem toma muita consciência, convive e pronto. Às vezes é na mão e de em vez quando a gente olha e lembra, até com alguma graça, do dia e do fato que a causaram.

Demorou, mas a cicatriz que é o Gabriel é uma que hoje não me incomoda. *(Eu olho para ela e fico feliz de ela estar ali – com certa dissimulação.)* Chega a ser daquelas que dão um charme pro corpo, como se fossem tatuagens, sabe?

RICARDO

"E nos músculos exaustos do teu braço, repousar frouxo, murcho, farto, morto de cansaço."[3]

ISABELA

Porque tem gente que busca tanto e com tanta força e acaba passando a vida toda só nessa tentativa – que nem uma tia minha, que nunca teve um relacionamento de verdade. Isso por si não é sinal de fracasso, nem de sucesso, mas eu me considero com sorte de já poder ter dividido tanta coisa com alguém, de ter uma história pra contar, mesmo que isso soe clichê.

RICARDO

Se existe uma verdade é que a partir de um momento os sentimentos têm vida própria, como uma pipoca, como uma massa de bolo com fermento. Se eles encontram algo que os aqueça, eles crescem.

FELIPE

Eu só tinha ficado com a Isabela uma vez, mas existe uma coisa que uma amiga minha chama de "construir castelinhos" – e não vou mentir que eu construí um bem bonito. E percebi que eu queria um monte de coisas que eu nem sabia que eu queria: eu e a Isabela andando de mãos dadas no parque, passeando com nosso cachorro, vendo filme embaixo do cobertor, não querendo acordar por pura preguiça de desgrudar nosso corpo, tomando banho de banheira, deitados na grama vendo as estrelas, boiando no mar um do lado do outro, escolhendo músicas pra ouvir no carro, brincando de pintar a parede da casa, cozinhando e sujando toda a cozinha, talvez até lavando a louça juntos. *(Pausa.)* Mas eu juro que não sou dessas pessoas que se apaixonam rápido.

RICARDO

Algum dia, em algum momento, eu queria só... pegar na mão dele.[4]

FELIPE

E eu sei que tudo isso é um monte de clichês que a gente vê nos filmes, mas eu só pensei nessas coisas porque eu sentia uma conexão especial com ela. Eu sei que em algum lugar ela gostava de mim e podia gostar mais. Mesmo que ela não soubesse disso.

RICARDO
E quando tudo isso que a gente vê sobre a paixão nos filmes é simplesmente... verdade?

ISABELA
Só os clichês são verdade, no final das contas.

RICARDO
Uma noite dessas, eu tive um sonho bom. Eu sonhei que ele me beijava. E não era exatamente o beijo em si e o quanto ele foi incrível que interessava e que me fazia tão contente dentro do sonho e durante várias horas depois de acordar, como se aquele sonho tivesse ficado impregnado em mim, fisicamente. Primeiro, era o fato de que aquilo tinha sido uma iniciativa dele, ele que nem sabia, no sonho, tudo o que se passava comigo. Tímido e sem graça, ele enrolava para me falar que queria aquilo, quase armando um jogo para si mesmo. Depois, foi a nitidez do sorriso com que ele me olhou no instante seguinte ao beijo. Ele sorria luminoso, afetivo, doce, encantado e envergonhado, com medo e empolgação. Foi o sorriso mais completo dos sorrisos mais completos que eu já vi em seu rosto.

E ele sem jeito. E tão mais apaixonante por causa disso.

ISABELA

Mas agora eu estava sozinha. Sozinha e empolgada pra recomeçar, finalmente. Querendo o futuro desconhecido e mágico que me esperava ali na esquina. Como a Cinderela se preparando pro baile. Como uma mocinha ingênua esperando o cavaleiro chegar, montado em seu cavalo branco.

Na minha varanda, pronta para saltar, sem pensar muito, no tapete voador de um príncipe que me pegue pela mão e fale...

FELIPE

"Me diga, princesa, quando foi a última vez que você deixou o seu coração decidir?"⁵

ISABELA

(*Quase lamentando.*) Eu sempre deixei...

(*Muda o tom: romântica, mas com sinceridade.*) Então você pode vir me buscar, homem que eu amo, seja você quem for. Porque eu estou pronta. Você vai chegar de repente e vai ser grande e forte e ter um cheiro bom ao qual eu não vou resistir. Você vai olhar pra mim e eu vou entender e eu quero te tocar em um pequeno sorriso e, embora pareça absurdo, eu sei que a gente não vai precisar dizer nada um para o outro.[6] E você vai me fazer ser valente e não ter medo de curvas arriscadas e quedas livres. Vai só me fazer desaparecer, ao seu lado.

CENA 4 – GESTOS

FELIPE

O amor precisa de espaço pra crescer. Mas também de alimento. Então eu pensei em mandar pra ela uma música romântica. Mas qual?

ISABELA

"O amor não é mais do que o ato da gente ficar... no ar, antes de mergulhar."[1]

FELIPE

Não mandei. Mas convidei-a pra sair. Ela aceitou.

RICARDO

Quando o Felipe fez aniversário, eu dei pra ele um disco do Roberto Carlos. Disco mesmo, de vinil, aquele de 1968, chamado *O Inimitável*, porque ele é mesmo inimitável. O Roberto. Tem ali uma sequência de obras-primas, como "Se Você Pensa", "Eu Te Amo, Te Amo, Te Amo", "Ciúme de Você" e, principalmente, "As Canções que Você Fez pra Mim". O Felipe não tinha nada do Roberto e adorou. Eu escrevi na dedicatória: "Roberto Carlos é o melhor cantor que já existiu. Quem não sabe disso, não sabe de nada". Ele obviamente não concordava, mas riu com jeito de quem respeitava minha afirmação e pensaria sobre ela, para quem sabe um dia concordar.

Daí eu fiz aniversário e o Felipe também me deu um presente. Na verdade, dois: uma edição superespecial do meu filme preferido e uma máquina de algodão-doce, de verdade. E ele me escreveu um cartão de um carinho surpreendente para um garoto que escreve para outro garoto, por mais amigos que eles sejam.

E eu mandava mensagens de texto para ele de madrugada e ele respondia e eu escrevia para ele e-mails divertidos e às vezes líricos e ele respondia e eu acompanhava a vida dele com atenção e interesse, porque ele deixava.

De repente, nós estávamos grudados e era quase como se namorássemos, sem qualquer contato físico. E o pior é que ele não parecia ter a mais vaga noção da enormidade da força necessária para, dia a dia, o meu corpo conseguir não jogar o dele contra a parede.

FELIPE

Eu achei que as coisas estavam indo bem. Com a Isabela. E eu pensava muito nela, talvez mais do que deveria.

RICARDO

Uma amiga minha me dizia: "O meu irmão, que é heterossexual, não faria nada disso com você!". Mas, de todo modo, o Felipe oficialmente não gostava de meninos e nós éramos "somente amigos".

(Olhando para Felipe.) Só que, nesse ponto, minha vida já era uma cidade inundada por você.

FELIPE

(Olhando pra Isabela.) Eu escovo os dentes e penso sobre a hora em que você acorda. Penso sobre a roupa que você veste e sobre o que você faz durante a manhã enquanto eu sinto muito sono. Durante as tardes, eu penso no que você faz das suas, o que você estuda, com quem você trabalha, o que você aprende, o que você esquece, o que você planeja.

RICARDO

(*Olhando para Felipe.*) Eu tomo banho me achando feio e querendo querer fazer exercícios físicos, pensando como seria se eu tivesse um corpo bonito. Eu penso se você faz exercícios físicos ou se acha seu próprio corpo bonito e penso que eu acho ele bonito e que eu desejo o seu corpo sem exercícios físicos, exatamente como ele é.

FELIPE

Enquanto assisto a séries de TV engraçadas, eu penso em quantas coisas divertidas acontecem com você, quantas piadas você está fazendo, quantas risadas você está dando, quantas pessoas você está fazendo rir.

RICARDO

Em quem pode estar te deixando feliz, quem encosta no seu corpo, quem te olha nos olhos, quem te beija, se é que beija, porque eu queria que ninguém te beijasse, mas não ia dizer isso mas já disse.

FELIPE

E penso que você podia ser uma dessas pessoas que surpreendem as outras, que ligam bêbadas às 3 da manhã ou que enviam mensagens de texto mal digitadas e sinceras. E olho as horas no meu telefone celular para saber se já são 3 da manhã e são e, como não tem mensagem, talvez isso seja um sinal de que amanhã pode ser, quem sabe, o dia em que eu vou te encontrar.

RICARDO

Eu ouço tanta música e penso se você ouve música e se é no computador ou no rádio ou em CDs, quais são eles, se você canta junto, se estaríamos escutando os mesmos cantores no mesmo momento porque o nome disso é "sincronicidade", se as músicas traduzem seus sentimentos tanto quanto os meus, quais, então, te explicariam a mim, o que eu preciso ouvir, o que eu preciso saber, o que você esconde e o que tem medo de não revelar...

Porque eu só to pedindo a tua mão e um pouquinho do braço...[2]

FELIPE

"Queria descobrir em 24 horas tudo o que você adora, e num fim de semana tudo o que você mais ama e no prazo de um mês tudo o que você já fez, porque é tanta coisa que eu não sei..."[3]

RICARDO
"Apenas te peço que aceite o nosso estranho amor."[4]

FELIPE
"Por favor não evites meu amor, meus convites...

RICARDO
...minha dor, meus apelos. Vem perder-te em meus braços, pelo amor de Deus."[5]

FELIPE
"Olha, você tem todas as coisas que um dia eu sonhei pra mim."[6]

RICARDO
"Você tem exatamente um segundo pra aprender a me amar. E a vida inteira pra me devorar."[7]

FELIPE
"Se você vier pro que der e vier comigo, eu te prometo o sol se hoje o sol sair."[8]

RICARDO
"E ao coração que teima em bater avisa que é de se entregar o viver."[9]

FELIPE
"E se o amor pra nós chegar, de nós, de algum lugar, com todo o seu tenebroso esplendor?"[10]

RICARDO
"Mas e se o amor já está, se há muito tempo que chegou e só nos enganou?"[11]

FELIPE
Será que isso significa que eu estou me apaixonando por você?

RICARDO
"Sua estupidez não lhe deixa ver que eu te amo."[12]

(*Quebra. Ricardo deixa de olhar para Felipe.*) E então eu terminei o meu namoro. O outro, o de verdade, com o Arthur. Porque o Felipe tinha ocupado um espaço dentro de mim impossível de organizar enquanto estivesse, na prática, ocupado por outras pessoas.

E, embora eu quisesse me convencer de que jamais cultivei qualquer esperança, a incerteza por si já era uma. E grande.

CENA 5 – SURPRESAS

FELIPE

Daí eu saí com a Isabela de novo. Não uma vez, mas várias. Só que a coisa acabou esfriando. Sabe água fervendo quando atinge o ponto de ebulição e não fica mais quente do que aquilo, só evapora? A gente se deu muito bem, rápido demais. E ela se afastou, ou eu, não sei direito.

Por exemplo, eu sempre tive carro e sou o tipo de pessoa que dirige muito e não liga pra isso. Na primeira vez que a gente saiu, eu dei carona pra ela, que morava muito, muito longe, só para a gente poder ficar mais um pouco juntos. Não me importava a distância. Na última vez que eu fui levar ela em casa, eu pensei: "Por que é tão longe?".

A gente ficou um tempo sem se ver e ontem se encontrou numa festa. Acabamos ficando juntos de novo, mas já não foi a mesma coisa. Eu até ofereci carona pra ela, no fim, mas ela não quis. Eu acabei dando carona pro Ricardo, um amigo nosso. A casa dele também era meio longe mas ele tava meio bêbado e eu continuo não me importando com a coisa de dirigir e da distância, afinal o Ricardo é meu amigo.

Aliás, meu amigo mais próximo: a gente sai bastante, a gente gosta das mesmas coisas, conversa muito. Com ele eu sempre sinto que estou sendo eu mesmo – o que não acontece com frequência. E eu tenho uma sensação muito boa de pertencer a algo, mesmo que seja só a essa dupla que nós dois formamos. Enfim, eu gosto pra caralho dele e não me imagino vivendo sem o Ricardo, na verdade.

O engraçado é que, apesar de ele ser a pessoa com quem eu mais converso, aquela pra qual as coisas fazem sentido quando você conta, até ontem ele nem sabia que eu e a Isabela tínhamos um... "caso". E a Isabela também gosta muito dele, eles são grudados, quase namorados, só que o Ricardo é gay.

Aí eu levei ele pra casa e, quando eu parei embaixo do prédio dele, ele tava chorando. E assim, como se fosse simples, ele me disse que estava completamente apaixonado por mim.

CENA 6 — TENTATIVAS

RICARDO

Eu não te conheci como costumam se conhecer os amantes que têm assim mais ou menos a nossa idade. Você não olhou pra mim na luz confusa da pista de dança, nossos olhares não se raptaram, nós não conversamos a conversa dos que se querem.

Me desculpa.

Daí eu não te sorri sorrisos interessados nem fiz meu corpo falar coisas que a boca geralmente cala. Eu não te dei um primeiro beijo, nem um segundo, nem um terceiro. Depois eu não te dei meu telefone na expectativa de marcarmos outro encontro.

Por isso nós não jogamos o jogo da sedução: eu não te mandei mensagens discretamente tomadas pelo primeiro encantamento, não te convidei para sair, então nós não fomos ao cinema nem tomamos um café depois do filme. Não ficamos conversando sobre gostos artísticos, emotivos e tudo o mais que descobrimos em comum, enquanto o café não vinha. Nós também não percebemos, sem dizer, afetos e carinhos discretos e mútuos. Eu não fiquei tentando prolongar o tchau só pra passar mais alguns minutos perto de você.

Me desculpa.

Nós não trocamos as palavras irresistíveis e ridículas das cartas de amor, de modo que eu não antevi nosso relacionamento, não fiz planos para um futuro que te incluía, não pensei nos lugares para os quais poderíamos viajar, não me satisfiz com a ideia das peças e dos shows que veríamos juntos ou nem sequer das músicas que poderíamos compartilhar.

Eu nunca te mandei uma música de amor.

Me desculpa.

Nós não demos risada um do outro por motivos bobos, não nos achamos um casal bonito nos olhando no espelho, não tiramos fotos, não inventamos apelidos especiais e bestas, não fizemos piadas internas, não sentimos ciúmes, nem nos quisemos com exclusividade.

Nada disso nunca aconteceu entre nós.

Então me desculpa. Me desculpa por estar te dizendo isso aqui neste carro, bêbado, a esta hora da madrugada, de repente, desse jeito. Me desculpa por estragar a nossa relação, ou pelo menos essa relação que você devia achar que a gente tinha e a gente tinha mesmo só que em mim era diferente e agora é incontrolável.

Mas te vendo hoje beijando ela, o míssil que me devastou me disse que eu não conseguia mais – já é uma dor física. Me desculpa.

Agora, se nada disso nunca aconteceu, por que eu fui me percebendo apaixonado por você, sozinho? Eu não sei. Mas, se eu tivesse que supor, diria que essa convulsão que eu chego mesmo a sentir no estômago feito cólica, ao mesmo tempo que é um sentimento meu, deve ser também um mérito da pessoa que você é. Como se, com tanta gente desinteressante no mundo, a presença de alguém tão especial só pudesse gerar essa resposta, só pudesse ser retribuída com paixão.

E amor assim, tão espontâneo e tão imprevisto e que vive ganhando tão pouco em troca, deve ser no final das contas pelo menos um sentimento bom.

CENA 7 – DISFARCES

ISABELA

– Estamos aqui hoje com a querida Isabela, esse rostinho bonito que vocês já conhecem e já admiram. Mas o que vocês vão descobrir é o que essa garota prodígio esconde por trás desse sorriso encantador. Boa noite, Isabela, como você está?

– Boa noite, Elisângela, eu estou bem, estou em paz, com meus chacras alinhados – minha palavra de ordem agora é "equilíbrio".

– Gatinha, conta pra gente, e o coração?

– Olha, Li, eu atualmente sou um apartamento desocupado e acho que sem placa de "aluga-se" na porta. Até passou um locatário recentemente, entrou, gostou, mas sabe quando acaba não fechando o negócio?!

– E o público pode saber quem é esse pretendente?

– Ai, será...? Ah, tudo bem, vai, só porque eu estou aqui e esse seu sofá arranca cada confissão da gente... O nome dele é Felipe. A gente já se conhecia, mas eu não olhava pra ele a não ser como amigo, né? Uma noite, numa festa, acabou rolando, ele me beijou e ele é envolvente, sexy, vocês sabem.... Eu não esperava, tava, inclusive, achando que ia acabar me dando bem com um outro garoto em quem eu tava de olho. Mas aconteceu e foi bom.

– Mas, e agora, ainda rola um clima entre vocês?

– Não, infelizmente. Inclusive, o pessoal tem acompanhado aí minha separação do Gabriel, um processo duro e lento.

– *(Interrompendo, preocupada.)* Você quer falar sobre isso? Senão a gente dá um "break"...

– Sabe aquele filme em que o cenário é todo desenhadinho no chão? Meu analista me disse que, quando o Gabriel foi embora, ele deixou tudo dentro de mim desenhado, como se fosse esse cenário. Mas não foi ele que desenhou, fui eu. Sabe, gente, a dor que eu senti quando ele desapareceu foi dessas que não se descreve. Ou é o que chamam de "o avesso de um sentimento". É uma explosão ao contrário, uma bomba atômica que traga tudo pra dentro do seu tórax.

– Gente, vamos aplaudir a inteligência emocional dessa moça!

– Daí eu recolhi cada pedacinho destruído dentro de mim, fragmento por fragmento.

– *(Interrompendo.)* Você e o Gabi se veem ainda hoje?

– Não...

– *(Inconveniente.)* Humm, senti que você talvez ainda goste dele...

– *(Sem graça.)* Não é isso. É que ele me deixou e a gente precisa se valorizar, né?, recompor o orgulho, a autoestima... Eu tive que me obrigar a me des-apaixonar por ele.

— Gente, ela é uma guerreira!

— Mas a organização interna que eu estabeleci agora é minha e rígida e não está tão sensível à desorganização dos outros. Não bastam só delicadeza e cuidado, agora é preciso também formatação. Quem não vier na forma certa, não venha!

— Mas, meu amor, assim você não tá limitando demais suas possibilidades?

— Olha, pode até ser, Elisângela. Mas tudo é adaptável nesta vida, percebe? A piscina tem a parte rasa e a parte funda. Você entra no raso e só vai pro fundo quando sabe nadar. Não tô dizendo que eu não esteja aceitando alunos de natação pra começar no raso, mas ninguém vai pro fundo se não for bom o suficiente, não.

— Peraí, a gente não tava falando de você? Por que o assunto virou natação?

— Deixa pra lá, gente. O que eu quero dizer é que o Felipe é um fofo, um cavalheiro, um amor de pessoa e bem mais sensível e sensato do que a maioria dos homens por aí. Mas ele só não era pra mim.

CENA 8 — ENCONTROS

RICARDO

Eu não ia mais conseguir conviver com o Felipe, nunca mais. A euforia do nosso encontro virou silêncio. Eu não admitia que no evidente amor dele por mim poderia não existir nem um pouquinho de desejo sexual. E não reconhecia para mim mesmo que estava paralisado, esperando-o.

ISABELA

De todas as pessoas que eu conheço, se eu tivesse, sem pensar muito, que apontar uma que eu acho que poderia ser o amor da minha vida, seria o Ricardo, um amigo meu.

A minha relação com o Ricardo é um encaixe perfeito, é pura troca, em todos os sentidos. Eu sinto todos os amores do mundo por ele.

Mas o Ricardo é gay.

O que não torna nosso amor menos bonito ou especial, só o torna limitado. Ou talvez perfeito, porque, se eu e o Ricardo realmente namorássemos, a gente correria o risco de queimar muito rápido todo esse combustível que alimenta a gente como um casal. E que, do jeito que é hoje, eu tenho a sensação de que vai durar pra sempre.

FELIPE

Um amigo meu um dia me disse que a dinâmica dos encontros amorosos, na vida, é como o cubo mágico. Ou você é, sei lá, Deus e sabe juntar todas as cores, ou você vai vivendo as cores que vão se encontrando.

Faz um tempão que eu não encontro a Isabela e eu parei de encontrar o Ricardo porque ele me pediu. E nesses dias eu tenho pensado neles sem parar. E sentido saudades.

ISABELA

Minha avó se apaixonou pelo meu avô aos 13 anos. Um dia, no hospital, com 75, fazendo um exame de coração, ela me disse que a lembrança mais viva que ela tinha de uma taquicardia era quando, parada na esquina, ela via meu avô, um rapazinho pré-adolescente, descendo a rua em direção a ela. Talvez lembrando disso o coração dela até hoje acelere. Eles namoraram, se casaram, tiveram cinco filhos e minha avó não se relacionou com outro homem depois que ele morreu.

É uma escolha, percebe? No final das contas, metade dos encontros que você faz é regida pelo acaso, mas metade é obra do seu próprio esforço e vontade. E como 50% de chance não são nem uma coisa nem outra, a verdade é que a gente sempre sabe. E sempre controla. Mas sempre sofre como se não soubesse. Porque, na hora de sofrer, a gente esquece tudo mesmo.

RICARDO

Pra mim, agora, é tudo violento demais, como um mar no inverno, ressacado. Esse monte de interditos que nem conseguem ser realmente explicados ou entendidos... Não seria mais simples e feliz deixar que dois corpos que se atraem simplesmente se encontrem, sem pensar muito?

FELIPE

Pra mim não é uma questão de fraqueza ou coragem. Eu não sou insensível nem bobo. Ouvir o Ricardo falar tudo que ele falou foi mais difícil do que todas as minhas conversas de fim de namoro juntas. Era como se alguma coisa dentro de mim soubesse outra coisa que eu não sabia. Que eu não sei.

ISABELA

(*Irônica, porém sentindo.*) Essa do Ricardo gostar do Felipe eu confesso que não foi tão simples de digerir, não. Eu sentia ciúmes. Do Ricardo, claro. Mas, olhando bem, quase fazia sentido. Isso conectava as coisas em uma dramaturgia tão ridícula, sincera, melodramática e verdadeira como só "o amor" sabe fazer.

FELIPE

Eu fico pensando nele e ele é um homem, entende? Ele tem corpo de homem e cara de homem e mão de homem e cheiro de homem e boca de homem e bigode... Eu sou um homem e ele é um homem e isso é... estranho?

RICARDO

Daí eu lembrei da minha mãe dizendo: "Não adianta falar que não gosta de kiwi se nunca provou!".

FELIPE

Às vezes eu penso que até queria encontrar um jeito de querer ficar com ele, mas qual?

ISABELA

Eu e o Ricardo passamos pelo menos um dia da semana juntos por bastante tempo e a gente chama esses dias de "as nossas tardes apaixonadas". Mas semana passada ele teve um compromisso e eu fiquei sozinha. O que me fez pensar que era chegado o momento de encontrar alguém, hora de dizer um grande "sim" para qualquer um, porque escolher demais anula a possibilidade de se surpreender.

RICARDO

Mas ela escolhe e escolhe e procura com cuidado demais...

ISABELA

Um cuidado que já me cansa e esgota.

RICARDO

Quando eu conheci a Isabela a gente se deu bem e foi gentil um com o outro e depois mal se viu por três anos. Mas, quando a gente se reencontrou, não se largou mais.

Se a vida vale pelos encontros, estava claro que ali eu tinha feito um muito grande.

Então eu precisei contar pra ela tudo sobre o Felipe, embora eu tivesse certeza de que ela já soubesse, porque ela não é boba e me conhece bem demais. Quer dizer, quando ela ficou com ele eu acho que ela não sabia. E eu nem sabia que eles ficavam, só depois que eles terminaram. Sim, claro que eu tive ciúmes, morri de ciúmes. Dos dois, porque eu me sentia como a perna quebrada de um tripé.

ISABELA

Então eu fui à livraria, passar lá a tarde, folhear coisas, olhar as pessoas, pensando: "É isso, é aqui na livraria que eu tenho que conhecer alguém! Que balada e festa que nada!, é na livraria que as coisas acontecem, que as pessoas interessantes estão. Duvido que não exista nenhum garoto inteligente e interessante que tenha vindo passar a tarde aqui, folhear coisas, olhar pessoas".

RICARDO

Além do quê, só a Isabela podia me salvar. A Isabela é o meu farol – do lado dela eu deixo de ter medo. Quando ela terminou com o Gabriel, ela me perguntou se eu rasgaria o meu coração pra costurar o dela. "Claro que sim", eu respondi. Porque eu sabia que meu coração rasgado se recomporia automaticamente só com a presença dela.

ISABELA

E tinha um garoto de costas, na seção de música. Eu fiquei observando de longe e o vi folhear um livro sobre o Roberto Carlos. "Humm", pensei, "perfeito! Quase o Ricardo e, com sorte, não vai ser gay!" Fui chegando perto e contornando o garoto, tentando fazer com que ele não me notasse, mas me notasse. Enquanto eu me aproximava, pensei que eu preferia não saber nada dele. Não me interessava seu signo nem histórias sobre sua família, saber se ele preferia massa grossa ou fina na pizza, se ele frequentava shoppings ou cinemas de arte, o que ele estudava – eu só queria que ele me amasse e é óbvio que ele me amaria porque eu queria um amor novo e logo e inesperado porque eu estava exausta e triste e com muita coisa acumulada dentro de mim.

Daí ele se virou.

FELIPE

Só pra constar, queria dizer que eu descobri que Roberto Carlos é o melhor cantor que já existiu.

ISABELA

Era o Gabriel. Tinha cortado o cabelo.

RICARDO

Nos dias de agonia, quando eu não encontrava a Isabela, eu chegava em casa com o sol nascendo e escrevia e-mails pra ela chorando as minhas dores. E não raro eu dormia em cima do teclado, ouvindo sempre a mesma música.

ISABELA

"Isabela, faz dias que eu não o encontro e hoje eu o quis mais do que nunca. Olhar em seus olhos, fazê-lo ver o quanto eu gosto dele…"

RICARDO

"Como se nascesse ali um amor absoluto pelo homem que eu vi".[1]

ISABELA

"Hoje eu quis abraçá-lo e fazê-lo sentir-se amado (porque aqueles olhos carentes me dizem que talvez ele jamais tenha sido de verdade, para cortar os pulsos). Hoje eu quis que ele nunca mais saísse do meu lado e quis que minha vida se conectasse à dele, quis fazer mais e mais parte. Porque eu o amo até o desespero."

RICARDO

"Coisas a se transformar para desaparecer e eu pensando em ficar a vida a te transcorrer..."[2]

ISABELA

"Hoje eu quis dizer para ele: você pensa que é fácil?"

RICARDO

Você pensa que é fácil?

FELIPE

Você pensa que é fácil?

ISABELA

"Eu acho que ele sabe que não é. Mas tem um jeito atordoante de convencer a si mesmo (como se quisesse convencer a mim) de que talvez possa ser. E eu morrendo devagar, em silêncio, pelo caminho.

Se você achar meu coração perdido pela cidade, toque meu interfone e devolva-me."

RICARDO

Te amo. R.

CENA 9 – DECEPÇÕES

ISABELA

Ontem, o Gabriel me telefonou. Quer me encontrar e conversar. Teve mesmo a coragem de dizer que me ama.

FELIPE

Ontem me deu saudade da Isabela e uma sensação de que podia ter dado certo com ela, só pra vida ser mais fácil, sabe? Será que ela pensa em mim às vezes?

RICARDO

Eu e o Felipe voltamos aos poucos a conviver como se nada, jamais, tivesse acontecido. Ele tinha algum jeito de fazer com que não tivesse importância estar do meu lado sabendo que eu era – ainda – completamente louco por ele. Ele não me queria como eu o queria, mas também não admitia ficar longe de mim.

FELIPE

Eu acho que a culpa foi minha. Eu fiquei com medo de gostar demais dela e acabei estragando tudo.

ISABELA

A gente sofre e acha que não faz ninguém sofrer. Que merda o Gabriel pensa que tá fazendo? Me mandou uma mensagem de texto dizendo "todo fim de amor é infinito"[1]. Porra... Será que você não percebe que as flores do jardim da nossa casa já morreram todas de saudades de você?[2]

RICARDO

Porra, Felipe, do que você tem medo?

FELIPE

Eu tenho medo do que eu não conheço. Isso é muito anormal?

RICARDO

(*Confessional.*) Eu às vezes chego a ter medo de, de repente, você me querer.

FELIPE

Acho que o medo do "não" às vezes é só um disfarce. Porque o "não" pode ser uma certeza tranquila.

ISABELA

Você foi pra tão longe por medo de me amar demais? Ou de me amar de menos?

RICARDO

Longe é só um lugar aonde a gente nunca vai.

FELIPE

Por que a Isabela não me quis? Por que ela não se entrega?

RICARDO

Se entregar, se jogar no abismo da dor e da delícia, perceber que as coisas difíceis de aceitar são só as ideias muito simples. Por que não?

FELIPE

Por que o Ricardo quis?

RICARDO

Sem censura, sem barreiras...

ISABELA

Como aquele amigo bêbado e divertido que fica caindo em cima de você a noite toda.

RICARDO.

Com derramamento. Como se fosse uma música brega.

ISABELA

"Em vez de você ficar pensando nele, em vez de você viver chorando por ele..."[3]

RICARDO

"Que veio como um tiro certo no meu coração, que derrubou a base forte da minha paixão..."[4]

ISABELA

Paixão é como uma estrela cadente que a gente vê e acha que pode ver toda hora. Daí quando passa um meteoro, você se dá conta de que isso acontece raramente.

RICARDO

Daí eu me canso e acordo com vontade de coisas simples, simples que nem o Arthur, meu ex-namorado, sempre foi. Pensei em ligar pra ele e perguntar se ele não queria casar comigo.

ISABELA

Mas, se as coisas não precisam de você, quem disse que eu tinha que precisar?[5]

FELIPE

O nome disso é desalento: quando tudo de que você mais precisa é o seu próprio manual de instruções.

RICARDO

(*Raiva.*) Porque você sorri pra mim e faz piadas e eu penso em perguntar "Onde você tá vendo tanta alegria?". Você sorri e eu quase tenho vontade de quebrar sua cara.

ISABELA

Eu às vezes queria tanto que o Ricardo... me quisesse.

RICARDO

(*Algum rancor: porque, no final das contas, é tudo muito simples, entendeu?*) Por que você não foge de uma vez? Não é isso que qualquer outro garoto como você faria, na situação em que eu te coloquei?

FELIPE

Eu sei que eu não sou como qualquer outro garoto. Mas eu não sei como eu sou.

RICARDO
Você acha mesmo que é possível agir de forma "normal"?

ISABELA
O que você é dele?

RICARDO
Conversar com você e disfarçar a vontade de beijar sua boca?

ISABELA
Dele.

RICARDO
Te olhar nos olhos e fingir que eu não me perco neles?

ISABELA
O que você é dele?

RICARDO
Lidar com meu corpo e o medo de não conseguir resistir ao seu?

ISABELA
Dele – ela respondeu.

RICARDO
Me conformar com um aperto de mão para dizer "oi" e "tchau"?

FELIPE
"É tão difícil ficar sem você..."[6]

RICARDO
Me contorcendo para esconder tanta vontade?

ISABELA
"Porque toda razão, toda palavra, vale nada quando chega o amor."[7]

FELIPE
"O teu amor é gostoso demais."[8]

ISABELA
Você é um convidado chegando quando a festa já acabou, meu querido.

FELIPE
Eu me sinto sozinho numa festa na qual eu não conheço ninguém.

RICARDO
Eu me sinto dando uma festa a qual ninguém virá.

FELIPE
O que você quer que eu faça?

ISABELA
Eu quero que você se dane, Gabriel. Desaparece. Entra num avião pra Malásia. Raspas e restos não me interessam.[9]

RICARDO
O que você quer que eu faça?

ISABELA
Eu queria que você me fizesse feliz.

FELIPE
Eu quero o meu dublê, agora, por favor.

ISABELA
O que você quer que eu faça?

RICARDO
Eu quero que você diga "sim".

ISABELA
Eu quero que você vá se foder!

CENA 10 – NOITE

(MÚSICAS)

ISABELA

Será que os que virão depois de nós, daqui a cem ou duzentos anos, ainda terão o coração partido, ainda terão histórias pra contar? De amores impossíveis, perdidos, encontrados, inventados, indecisos, desesperados, sozinhos, felizes...

Como terminam as histórias de amor? Quando alguma coisa não tem exatamente um fim, ele pode ser inventado. Não importa que as histórias sejam reais – elas devem ser verdadeiras. Nunca mais se ouve falar da

Rosalind em *Romeu e Julieta*, mas vocês já ouviram falar de *Como Gostais*? É outra peça de Shakespeare e a protagonista é uma garota brilhante, viva – uma heroína. O nome dela? Rosalind.

FELIPE

"Ele precisa começar", eu pensei. Se o Ricardo começasse alguma tentativa real de aproximação física, eu decidi que tentaria não lutar contra, tentaria deixar o meu corpo agir naturalmente, no momento. Mas o Ricardo, por cuidado e gentileza, me prometeu que jamais tentaria qualquer coisa.

Será que eu precisava começar? Estava tudo tão de volta ao normal, mas eu já não conseguia fazer as coisas com a mesma naturalidade. Eu não conseguia nem dar um abraço nele.

Eu pensava em ficar bêbado com ele pra ver se alguma coisa acontecia, pra ver se eu conseguia descontrolar o meu controle, mas o tempo foi passando e ele foi ficando mais distante.

Então eu fiquei bêbado sozinho. Às 3 da manhã, mandei uma mensagem para a Isabela e outra pro Ricardo. Ninguém respondeu, talvez não tenham recebido. Eu estava fodido, jogado na sarjeta e jurei que ia me apaixonar pela primeira pessoa que cruzasse meu caminho, fosse um homem ou uma mulher. Passou um travesti. E passou me zoando.

Eu joguei uma garrafa de cerveja vazia nele, ou nela, que não foi muito longe, quebrando perto de mim. Eu me desequilibrei e caí e cortei o pulso. Cortei o braço, bem perto dos pulsos.

O nome disso é ironia.

ISABELA

O Gabriel apareceu na minha casa de madrugada e trouxe flores. Não veio de cavalo branco, mas *(Ironia.)* o carro dele era branco. O Gabriel me desconcentra e ele chorou ao me ver e foi contando entre lágrimas como tinha se arrependido e amadurecido e entendido que ele só podia existir de verdade ao meu lado, que sem mim cortaria os pulsos.

"O que me importa ver você tão triste se triste fui e você nem ligou?"[1]

Ele pedia uma chance e dizia que tinha certeza que ele não estava morto dentro de mim, porque ele era ele e ele estava ali na minha frente, o mesmo rosto, a mesma voz, a mesma mão. *(A ária "N'est Ce Plus Ma*

Main" toca.) Eu não estava comovida com aquilo, eu não podia estar, caso contrário eu não seria eu mesma agora, eu não teria sido eu mesma por todo esse campo de batalha que eu tinha cruzado pra me recompor do abandono.

"Você pode me chorar um rio, um rio inteiro, porque eu chorei cataratas por você".[2]

O Gabriel foi se acalmando e me pediu um abraço e eu dei e me pediu um beijo e eu não dei. Ele disse que não importava o que fosse acontecer, que naquela noite ele estava fazendo o que achava que devia estar fazendo, que ele respeitaria meu tempo e me esperaria. Eu disse a ele pra não me esperar, disse que estava tarde e que era melhor ele ir embora.

Levei-o até a porta e, antes de fechá-la, eu vi nos olhos do Gabriel exatamente o olhar com que ele me olhava quando a gente se conheceu. Assim que ele saiu eu pensei: "Eu nunca mais vou amar ninguém".

(Pausa.)

Meu coração disparou, eu pensei na minha avó, fiquei trêmula e fraca, não sei se chorei mas andei até a porta e simplesmente saí.

RICARDO

Quando a janela da minha sala está aberta, à noite, e os vidros fechados, as luzes da rua projetam sombras quadriculadas pelas paredes. Em mais um dia que eu não conseguia dormir, eu resolvi andar pelo apartamento.

Eu coloquei pra tocar um tango que toca num filme que eu adoro, o mesmo que o Felipe me deu de presente, e dancei. E foi dançando tango que eu percebi. Tango é uma música para cortar os pulsos e eu quase tive vontade de cortar os meus no vidro da janela, mas só pelo simbolismo, não pela vontade.

Eu precisava lutar. Você tinha que ser só uma invenção e eu tinha que te expulsar. Você tinha que ser uma sombra pra mim, como o tango na parede. Com as notas longas nas quais eu fui decidindo lavar você da minha alma, meu corpo tinha que te transpirar.

Eu gritava:

FELIPE
(*Gritando.*) "Rasgue meu coração. Despedace-o, sem pena!"

RICARDO

Diga "não" para mim bem alto e bem forte e agora e deixe claro que esse "não" vale para sempre. Te ganhar ou perder sem engano.³

Chega. Eu chorava porque doía e doía porque eu realmente te amei, mas algumas coisas a gente só aprende mesmo sozinho. O amor que eu tenho por você é teu. Você não ia cuidar do meu sofrimento e eu não ia insistir em te ensinar o que eu achava que você precisava saber. Você não quis pegar os caminhos dos mapas que eu te mostrei e então eu precisava ir embora.

Isso era um adeus. "Futuros amantes quiçá se amarão sem saber com o amor que eu um dia deixei pra você."⁴

Até que o interfone tocou.

FELIPE

Eu lembrei do fim de um filme em que a mulher traída de um escritor sai correndo de casa e pega um barco com todas as páginas do manuscrito original dele na mão, cópia única do livro novo. Ele sai correndo atrás dela e chega a tempo de vê-la indo embora, parado no cais. O barco se afasta devagar no fim de tarde, em preto e branco. Ela olha pra ele um olhar indescritível e começa a jogar os papéis pro ar, no mar. Todos eles.

Eu me sentia como aqueles papéis.

O sol estava quase nascendo, aqueles poucos minutos em que a noite e o dia são uma coisa só. E eu percebi que nunca tinha dito de verdade "eu te amo". Então eu resolvi começar.

"AS CANÇÕES QUE VOCÊ FEZ PRA MIM" E BLACKOUT LENTO.

REFERÊNCIAS
MÚSICAS E PEÇAS

CENA 1 – NOMES
[1] Citação de William Shakespeare, retirada de um ímã de geladeira. O ímã diz que é de *Romeu e Julieta*, o que pode ser inexato. As traduções livres, quando não especificadas em contrário, são do autor.
[2] Em William Shakespeare, *Romeu e Julieta*, ato II, cena 2.
[3] Menção a texto do ato III, cena 5 de *Como Gostais*, de William Shakespeare. Da mesma série de ímãs de geladeira.
[4] Em William Shakespeare, *Romeu e Julieta*, ato II, cena 1.
[5] Em *Romeu e Julieta*, na tradução de Beatriz Viégas-Faria.
[6] Idib.

CENA 3 – SENTIMENTOS
[1] Da canção "De Noite na Cama", de Caetano Veloso.
[2] Da canção "Todo o Amor que Houver nesta Vida", de Cazuza e Roberto Frejat.
[3] Da canção "Tatuagem", de Chico Buarque e Ruy Guerra.

[4] Referência à canção "Someday Some Morning Sometime", de Billy Bragg e Wilco.
[5] Trecho do filme de animação *Aladdin*, de 1992, em tradução livre.
[6] Referência à canção "The Man I Love", de George Gershwin e Ira Gershwin, em tradução livre.

CENA 4 – GESTOS

[1] Da canção "Trampolim", de Caetano Veloso e Maria Bethânia.
[2] Referência à canção "Maior Abandonado", de Cazuza e Roberto Frejat.
[3] Da canção "Tudo Sobre Você", de John Ulhoa e Zélia Duncan.
[4] Da canção "Nosso Estranho Amor", de Caetano Veloso.
[5] Da canção "Sem Fantasia", de Chico Buarque.
[6] Da canção "Olha", de Roberto Carlos e Erasmo Carlos.
[7] Da canção "Por Que a Gente é Assim?", de Cazuza, Roberto Frejat e Ezequiel Neves.
[8] Da canção "Dia Branco", de Geraldo Azevedo e Renato Rocha.
[9] Da canção "Pois É", de Marcelo Camelo.
[10] Da canção "Tá Combinado", de Caetano Veloso.
[11] Idem.

[12] Da canção "Sua Estupidez", de Roberto Carlos e Erasmo Carlos.

CENA 8 – ENCONTROS
[1] Da canção "A Bailarina e o Astronauta", de Tiê.
[2] Da canção "Pelo Tempo Que Durar", de Marisa Monte e Adriana Calcanhoto.

CENA 9 – DECEPÇÕES
[1] Da canção "Mapa-Múndi", de Beatriz Azevedo.
[2] Referência à canção "As Flores do Jardim da Nossa Casa", de Roberto Carlos e Erasmo Carlos.
[3] Da canção "Pense em Mim", de Leandro e Leonardo.
[4] Da canção "É o Amor", de Zezé di Camargo.
[5] Referência à canção "Virgem", de Marina Lima.
[6] Da canção "Gostoso Demais", de Dominguinhos e Nando Cordel.
[7] Da canção "Tá Combinado", de Caetano Veloso.
[8] Da canção "Gostoso Demais", de Dominguinhos e Nando Cordel.
[9] Referência à canção "Maior Abandonado", de Cazuza e Roberto Frejat.

CENA 10 – NOITE (MÚSICAS)
[1] Da canção "O Que me Importa", de Cury.
[2] Tradução livre de "Cry Me A River", de Arthur Hamilton.

[3] Referência à canção "Preciso Dizer que te Amo", de Cazuza, Dé e Bebel Gilberto.
[4] Da canção "Futuros Amantes", de Chico Buarque.

A PLAYLIST DO AUTOR E AS MÚSICAS NAS CENAS

CENA 1

PARA OUVIR:

"All Star", por Nando Reis
"Estranho seria se eu não me apaixonasse por você."

"A Primeira Pedra", por Marisa Monte
"Quem de vocês resiste a uma tentação? Quem pretende revogar a lei do coração?"

"Boys Don't Cry", por The Cure
Porque meninos choram muito.

CENA 2

PARA OUVIR:
....

"As Palavras", por grupo Dominó
É sério! (E porque o brega é também de cortar os pulsos.)

CENA 3

PARA OUVIR:
....

"What a Difference a Day Makes", por Dinah Washington
É utilizada para fins líricos no filme *Amores Expressos*, de Wong Kar-Wai, e ganha contornos todo específicos, lá. É um hino do amor feliz e da ilusão: "Que diferença um dia faz, 24 pequenas horas trouxeram o sol e as flores para onde costumava haver chuva. O meu ontem era tristeza, querido, e hoje eu sou parte de você, querido. Minhas noites de solidão terminaram, querido, desde que você disse ser meu. (...) Que diferença um dia faz, e essa diferença é você".

"I Wanna Hold Your Hand", por The Beatles
Porque sim.

NA CENA:
. . . .

"De Noite Na Cama", por Marisa Monte
Há uma interpretação de Marisa, ainda menina, em momento íntimo em um bar de Nova York – que consta do DVD de seu disco *Mais*. A música, como interpretada por ela, lá tem gingado e quase uma malandragem, o que parece ressaltar ainda mais, por contraste, a dor das palavras e o sentido de pensar e esperar, de noite na cama.

"Todo O Amor Que Houver Nessa Vida", por Cazuza
Cazuza é, por excelência, um compositor "de cortar os pulsos", tanto que, metaforicamente, cortou os próprios. Cazuza é intensidade e ânsia juvenil, é desespero por beleza, poesia e amor. Há uma famosa gravação ao vivo na qual ele canta já doente, o que só adiciona camadas de desalento a uma música que por si já narra uma busca semiutópica – ou ilusória, na melhor das hipóteses.

"Tatuagem", por Chico Buarque (ou Caetano Veloso)
Há um vídeo que é um assombro: Chico e Caetano, juntos, falando e cantando o eu feminino de cada um deles, um do outro. Caetano, com voz alquebrada em "Tatuagem", Chico, com suavidade em "Esse Cara". Beleza de cortar os pulsos.

"Some Day Some Morning Some Time", por Billy Bragg e Wilco
Pura melancolia – e uma certa inevitável autopiedade.

"A Whole New World", no filme *Aladdin*
Para quem não lembra ou quiser rever a cena do tapete voador. Pura fantasia, a formação de nossa formulação romântica, parte de nossos mais primitivos conscientes coletivos. Ele estende a mão a ela e pergunta: "Você confia em mim?". Ela, quase certa, diz: "Sim". E ele lhe mostra "um mundo completamente novo", com curvas arriscadas e quedas livres. Pode ser bobagem, e é, mas aqui está uma metáfora ingenuamente perfeita da relação amorosa.

"The Man I Love", por Ella Fitzgerald
Procurar na internet o trecho de uma coreografia da "dança-teatro" de Pina Bausch, que a utiliza: um homem, mudo, fala em libras. O que Pina faz aqui com a canção de Gershwin é de uma simplicidade poética desconcertante.

CENA 4

NA CENA:
. . . .

"Trampolim", por Maria Bethânia
Bethânia fazendo o que ela hoje já não faz mais, ou seja, gritando, expondo ardor e paixão e vísceras. Sua voz realmente mergulha e daí brota um pequeno desespero e a beleza solar de uma canção que é, por outros meios, feliz.

"Maior Abandonado", por Barão Vermelho
É uma música com batida alegre, dançante até. Mas a letra, como em quase todo o Cazuza, está falando de esperança e desamparo: "Teu corpo com amor ou não, raspas e restos me interessam".

"Tudo Sobre Você", por Zélia Duncan
É uma balada tranquila, sossegada. No início de amor, a vontade de engolir o outro.

"Nosso Estranho Amor", por Caetano Veloso e Marina Lima
Música para duas vozes, porque de duas almas. Esse é o dueto que tornou a canção famosa, defendendo um amor que é "estranho" – por que é particular e idiossincrático de duas pessoas? Mas não são assim todos os amores?

"Sem Fantasia", por Chico Buarque e Maria Bethânia (ou Caetano Veloso)
A canção é lancinante e o arranjo de duas vozes – porque duas almas – com interposição na segunda parte é lindo de viver! A gravação famosa é com Chico e Bethânia – e ela, como de hábito, se atira no sentimento. Mas há um trecho no mesmo vídeo onde está "Tatuagem/ Esse Cara" em que, relida pelo irmão, Caetano, em interpretação "pequena" e masculina, ganha outros contornos. Embora Caetano cante com um singular sorriso, as palavras comprimem o peito em silêncio.

"Olha", por Roberto Carlos (ou Gal Costa)
Os ouvidos que param na primeira impressão – muitas vezes imposta de fora para dentro, a partir dos muitos rótulos que foram sendo grudados no cantor ao longo dos anos – não sabem que Roberto Carlos é o maior cantor do Brasil. Ele é nosso Frank Sinatra, em termos de interpretação e do poder que tem de cristalizar as músicas que canta, e nosso Cole Porter, nosso Aznavour, em termos das suas composições, quase todas com Erasmo. As canções de Roberto são a história sentimental do país, são os rastros de nossa vida – em diferentes graus e instâncias, evidentemente. São muitos e muitos os versos que já são maiores que nós mesmos, maior que a música ela mesma. A primeira frase de "Olha" é um deles. E quem pode resistir sem medo ao derramamento e à entrega?

"Por Que A Gente É Assim", por Barão Vermelho
É uma canção "de balada", sobre a doce embriaguez da noite e de amores fugazes e paixões avassaladoras que duram até o nascer do sol – ou, às vezes, um pouco mais.

"Dia Branco", por Elba Ramalho

A gravação famosa é de Elba Ramalho, derramada e romântica. Para a trilha sonora do filme *A Máquina*, de João Falcão, fizeram uma bonita releitura mais cool, mais etérea. A questão, aqui, são as imensas promessas de amor com a autoconsciência de sua ironia. Ou seja, eu lhe prometo o sol, mas somente se hoje o sol sair...

"Pois É", por Los Hermanos

É melancólica e atmosférica como grande parte das canções do álbum *4*, último da banda. É música de cortar os pulsos em sua urgência e desespero de arranjos e interpretação.

"Sua Estupidez", por Roberto Carlos (ou Gal Costa)

Gal, no seu auge em 1969, é muito mais aguda, pontiaguda, afiada. Mas Roberto tem o olhar mais triste do mundo e parece que toda aquela melancolia está nessa canção. E ele a escreveu, então, de alguma forma, sua maneira de senti-la parece mais sincera. Gal é grande intérprete, mas Roberto fala direto do coração.

CENA 5

Pra ouvir:
....

"Preciso Dizer Que Te Amo", por Cazuza e Bebel Gilberto
O momento em que as coisas precisam sair do peito, quando não há mais como esconder. "É que eu preciso dizer que eu te amo, te ganhar ou perder sem engano/ (...) eu já não sei se eu estou estourando/ ah, eu perco o sono lembrando em cada riso teu qualquer bandeira...".

"Drama", por Maria Bethânia
"Eu minto, mas a minha voz não mente."

"De Que Calada Maneira", por Chico Buarque
"De que calada maneira você chega assim sorrindo, como se fosse a primavera, e eu morrendo?" (Também a notar: "Quem lhe disse que eu era riso sempre e nunca pranto?".)

"Case-se Comigo", por Vanessa da Mata
Começar é já começar a terminar? Mas saber que

amanhã talvez não pareça tão bom pedido não me impede de querer que você case comigo hoje. A notar: "E existe um forte pressentimento dizendo que eu sem você é como você sem mim/ Antes que amanheça que seja sem fim".

CENA 6

Para ouvir:
. . . .

"Mesmo Quando a Boca Cala", por Vinicius Calderoni
"Estes gestos incompletos/ Olhos tão repletos de te desejar".

"Por Que Você Não Vem Morar Comigo?", por Chico César
Uma pergunta e tanto, de quem cansou de ser colega e quer ser amado – um amor tão conhecido e familiar, de repente virando-se do avesso. "O amor me corta feito adaga/ Mas vem você e afaga com afeto tão antigo."

"On My Own", trilha do musical *Les Misérables*
Grandiosa, orquestral, música de "musical". Mas com uma verdade íntima pequena e particular. A notar: "Sem mim, o mundo dele vai continuar girando...".

"Mais Um Na Multidão", por Erasmo Carlos e Marisa Monte
"Guarde segredo que te quero e conte só os seus pra mim."

CENA 7

Para ouvir:
....

"Pale Blue Eyes", por Velvet Underground
Porque às vezes é tão feliz, às vezes é tão triste. E pela irresistibilidade de pálidos olhos azuis – sejam eles da cor que forem.

"Para Ver As Meninas", por Paulinho da Viola
Porque, afinal, às vezes, tudo de que se precisa mesmo é "uma pausa de mil compassos".

"O Mundo É Um Moinho", por Cartola (ou Cazuza)
Com a melancolia de Cazuza, notar: "De cada amor tu herdarás só o cinismo". Mas vale procurar por aí um vídeo de um momento retumbante e sufocante, do próprio autor cantando ao lado do pai.

CENA 8

Para ouvir:
. . . .

"I Could Have Danced All Night", do musical *My Fair Lady*
A leveza, a euforia, a empolgação. "Eu poderia ter dançado a noite toda e ainda implorado por mais/ Eu poderia ter aberto minhas asas e feito milhares de coisas que nunca fiz antes/ Eu nunca saberei o que tornou tudo tão empolgante, por que de repente meu coração alçou voo/ Eu só sei que quando ele começou a dançar comigo, eu poderia ter dançado a noite inteira."

"Carinhoso", por Marisa Monte e Paulinho da Viola.

É a memória afetiva de todos nós. E, "ah, se tu soubesses...".

"Pelo Sabor do Gesto", por Zélia Duncan
No original, trilha do filme *Canções de Amor*, de Christophe Honoré, é o dueto entre dois homens, um argumentando contra o incêndio romântico, outro a favor. É assistir ao filme e entender. Não obstante, Zélia fez uma linda transposição.

NA CENA:
. . . .

"Peer Pressure", por Jon Brion
Trilha do filme *Brilho Eterno de Uma Mente Sem Lembranças*, de Michel Gondry, é a música, não dita, que Ricardo ouve em "repeat" até dormir em cima do teclado. Para lembrar que esse filme está por toda parte, em todos nós (e que cara é Jon Brion!).

"A Bailarina e o Astronauta", por Tiê
No registro que Tiê refez para seu album *Sweet Jardim*, a partir de outra versão anterior. Trata-se de uma gravação mais lenta e mais triste e mais sen-

tida. A notar: "Poderia lhe entregar meu coração/ Alma, vida e até minha atenção".

"Pelo Tempo Que Durar", por Marisa Monte
Puro clima, pulsos cortados em câmera lenta e fotografia gelada. A letra inteira é digna de nota.

CENA 9

PARA OUVIR:

"Elephant", por Damien Rice
Damien cantando sua alma, estilhaçando o ar a seu redor.

"Ritual", por Cazuza
"O amor na prática é sempre ao contrário."

"Mapa-Múndi", por Beatriz Azevedo
Beatriz é poeta e tem um admirável manejo com as palavras. Aqui, há essa frase-mantra, que podemos transformar em pergunta: todo fim de amor é infinito?

NA CENA:
....

"As Flores do Jardim da Nossa Casa", por Roberto Carlos
Roberto e o estado bruto da dor – pura, latente, lancinante...

"Pense em Mim", por Leandro e Leonardo
E o que pode ser mais sincero do que essa letra, dita dessa forma?

"É o Amor", por Zezé di Camargo e Luciano
E o que pode ser mais sincero do que essa letra, dita dessa forma?

"Virgem", por Marina Lima
Uma das tantas canções de Marina com achados poéticos alentadores – e tristíssimos.

"Gostoso Demais" e "Tá Combinado", por Maria Bethânia
Duas das tantas canções de uma fase de Bethânia em que ela parecia se dedicar só a cantar a senti-

mentalidade mais explícita e inescapável e deslavada de todos nós.

CENA 10

Para ouvir:
....

"Secret Heart", por Feist
Um hino dos segredos guardados no/do coração – em especial aqueles que escondemos de nós mesmos.

"Ne Me Quitte Pas", por Maysa
Música de fossa em sua essência. Pulsos cortados, muito cortados.

"O Último a Saber", por Thiago Pethit
O ritmo e a atmosfera. A notar: "Atravesso a noite/ A manhã se esfrega nos meus olhos/ Danço em falso como se fosse o último a saber".

"De Onde Vem a Calma", por Los Hermanos
Marcelo Camelo no auge de seu eu lírico de rapaz frágil e incompreendido. "De onde vem o jeito

tão sem defeito que esse rapaz consegue fingir?/ Olha esse sorriso, tão indeciso, tá se exibindo pra solidão."

NA CENA:
. . . .

"O Que Me Importa", por Tim Maia
Um Tim Maia muito diferente daquele que se conhece: baixo, interiorizado, recolhido, sangrando.

"Cry Me a River", por Ella Fitzgerald
São centenas as versões (incluindo uma de Dolores Duran). Mas, para se concentrar no mais básico, a de Ella Fitzgerald dá a medida exata da vingança que é tão doce quanto abarcadora.

"Tango Apasionado", por Astor Piazzolla,
É tema do filme *Felizes Juntos*, de Wong Kar-Wai (que deve ser assistido!). É tango e é de se matar como todo bom tango. E se ressignifica quando se vê *Felizes Juntos*.

"Futuros Amantes", por Chico Buarque
E não é mesmo sensacional e inexplicável e alen-

tadora essa noção de que o amor persistirá, de nós para outros amantes, quase como se em estado físico da matéria?

"As Canções Que Você Fez Pra Mim", por Roberto Carlos
Já que, no fim, "ficaram as canções e você não ficou".

Este livro foi composto em
ITC Berkeley Oldstyle Std
para Texto Editores Ltda.
em agosto de 2012